文史哲詩叢 31

林雅玫
雨弦 著

蘋果之傷

文史哲出版社 印行

也是自序

雨弦

「蘋果之傷」是我與林雅玫的合集，是她的處女作，我的第七本詩集。

我想，我的詩還是由讀者自己去領略吧！

現在，讓我來談談林雅玫的詩。

她是近年崛起詩壇的新秀，大海洋詩社同仁，經常在該詩刊及世界詩葉、秋水詩刊等園地發表詩作，甫當選八十七年全國優秀青年詩人，在台北中山堂接受詩人節大會表揚。

她寫詩甚勤，多係抒情短詩，現代人庸碌不堪，抒情短詩最合需要。讀她的詩，覺得意象清新、溫柔婉約、淺顯易懂、可讀性高，而且直摯誠懇、根植生活，以下就這幾個特色分述於后。

她的詩是根植在生活的土壤裏的，詩是生活的反映，生命的創造，任何文學作品唯有根植生活的土壤裏，才能枝繁葉茂、開花結果，林雅玫的詩就是這樣的，試讀她的「無題」：

在秋空的黑板
孤雁
來回演算著
一道無解的
自己

一尾鯽魚
也在菜市場的角落
不斷唸著

阿彌陀佛

這是一首多麼具有生命力的作品，具有很強的現實性、生活性，孤雁與鯽魚，可能是作者自己，也可能是你我，讀後讓人深思。

眞摯誠懇是她詩作的另一特色，詩人必須有眞情感、眞思想，因爲眞，所以善所以美，林雅玫的詩如人，實實在在，不做作、不虛僞，不以假詩去騙人，她的「古玉」是這樣寫的：

俯視多少年代
無數的時序更替
徐徐，只爲與你
纏綿

輕輕撫慰塵封的心
清脆古音
回答
生命的聆聽

歷千載冰冷的歲月
柔情不變
風華依舊

不必晶瑩剔透
任虛幻無常，對你
仍只一句
眞心

她眞是一塊如假包換的璞玉。

詩的晦澀與明朗，一直爲詩壇所爭論，公說公理、婆說婆理，林雅玫認爲：「其實，晦澀明朗無關詩的好壞，重要的是詩質的掌握」，但她「寧可寫讓更多人可以看得懂的詩」，這種理念與我相同，當然，寫詩也可以光給詩人自己看的，我並不反對，寫日記就是如此，可以幫助自己成長，可以成爲生命的印記，但，「獨樂樂不如衆樂樂」，何樂而不爲？

因此，她的詩是親切泌人的，可讀性甚高，「遠方的煙火」是她最近的一首作品，大概是集子裏最「不明朗」的一首了，但仍不晦澀：

幸福的煙火在遠方
一眨眼
消逝在夜空
褪色的記憶已找不到出口
連通往你那方的橋都沒了
烏雲徘徊不走
雨卻打醒了我
一時之間熟悉的人物突然陌生

遠方的你
燦爛的煙火
何時燃起在我的天空

太多的記憶
仍溫暖著我
叫我如何擺脫，且讓
時間停止，讓
空間靜止，讓
夢延續
顫抖的手
還握著你的詩集，深怕
日落之後
再也見不到你

作者以煙火短暫、迷離、虛幻的情境特質，暗喻助將與友人分離的焦慮、無奈、黯然的心情，並不難懂。「太多的記憶／仍溫暖著我／叫我如何擺脫，且讓／時間停止，讓／空間靜止，讓／夢延續」，煙火如夢，人生如夢，依依之情，洋溢在字裡行間。

林雅玫的詩溫柔婉約，意象清新，抒情詩尤其如此，她在「一片紅葉」詩中，自喻一片紅葉，等有情／緣人「拾起」、「收藏」，全詩充滿對愛情溫柔的渴望，清新可喜。

當然，林雅玫的詩不是沒有缺點的，但她還年輕，詩齡不長，能有這樣的成績已相當不錯的了，她的寫詩雖由我啓蒙，但畢竟是寫她自己的，有她自己的思想、情感和表現，更具有女詩人所獨具的特質與魅力，這兩者是與我不同的。

在本書出版前夕，面對三十多年詩齡的自己，最想說的是：到了這把年紀，還能寫詩而「衣帶漸寬終不悔」，未嘗不是一種幸福，因此，我還是會繼續寫下去的，用我的血和淚。

一九九八年五月　於高雄

目錄

■林雅玫作品

■雨弦作品

卷一

林雅玫作品

一片紅葉

窗外，隨風飄零
一地的楓

等待你
自遠方歸來，拾起
一片偶然

爾後
請珍藏我
成爲你情詩中的
書籤

寂寞

一個孤獨的影子，走進
書城，走進
電影院，走進
咖啡屋，走進
昨夜的夢中

一個孤獨的影子，走出
書城，走出
電影院，走出
咖啡屋，走出
昨夜的夢中

末班車

十二月的夜裡
不眠的路燈
依然守候
孤冷的街角

夜一寸寸加深
盡頭依然靜寂
風中的孤影
還在
等

未題

夜已深
很想給你寫信
寫些什麼呢？
字紙簍裡
盡是被揉皺了的
溫柔

總是思念
總是這樣的情懷
夜已深
該寫些什麼呢？

無言詩

每晚都想寫詩給你
那怕短短幾句
且讓明月陪我
想詩

清晨醒來
卻又懊惱
昨夜想你太多
想詩太少
啊！想你的夜
是一首無言的詩

想你，在月光中

彷彿一世紀了
我們不曾一同擁抱
月光

到溪邊嚇跑水鳥
是昨日的事嗎？
今夜聽市囂的蟬鳴
不知如何啓口
別離後的黯然

獨處的子夜
一朵花
在月光中
哭泣

夜雨

總愛讀你細細長長的睫
聽你睫下的戀歌

織張情網
網著你我
一個小小的宇宙

而今夜，蕭邦不來
貝多芬不來
彈琴的人兒呢？

惦

在失去軌跡的日子裡
把自己困在季節深處
落葉無所謂地
飄向嚴冬的邊緣

啜一口咖啡
突然想起你
皺起眉，細品
香濃也好，苦澀也罷
總有一番滋味上心頭

蝶戀

我願化做一隻蝶
吻住春天，吻住
千年的愛情
無怨也無悔
並且祈求
美麗的細菌
將我溫柔地殺死

含羞草

一朶白雲，久久
駐足我懵懂的心中

當伊觸及我底
心瓣，乃如含羞草般
闔起

當含羞草再度開放
雲已遠去
留下茫然的自己

古玉

俯視多少年代
無數的時序更替
徐徐，只爲與你
纏綿

輕輕撫慰塵封的心
清脆古音
回答
生命的聆聽
歷千載冰冷的歲月
柔情不變
風華依舊

不必晶瑩剔透
任虛幻無常，對你
仍只一句
眞心

遠方的煙火

幸福的煙火在遠方
一眨眼
消逝在夜空
褪色的記憶已找不到出口
連通往你那方的橋都沒了
烏雲徘徊不走
雨卻打醒了我
一時之間熟悉的人物突然陌生

遠方的你
燦爛的煙火
何時燃起在我的天空
太多的記憶

仍溫暖著我
叫我如何擺脫，且讓
時間停止，讓
空間停止，讓
夢延續
顫抖的手
還握著你的詩集，深怕
日落之後
再也見不到你

無詩的日子

所謂生活
也只不過是
上班　下班
開門　關門

標本
就這樣不由自主地
被固定著

鍾愛的繆斯
你在哪裡？

四行輯

1. 雨季

都是淚
自陰霾的天空碎落大地
一朵花的哭泣
失意的枝頭

2. 剪髮

呆坐鏡前
任美髮師剪我
三千煩惱，卻剪不斷
理還亂的，情愁

3. 想飛

風不來，雨不飛
緩緩滴落
心頭

啊！給我一雙翅膀

懷屈原

我打愛河走過
想起龍舟競渡
想起你，三閭大夫
你們都好嗎？
汨羅是否也和這河一樣
污染了又整治
好在每年夏天
可以划著龍舟
向北，飛回
我的故鄉

啊，三閭大夫
你們都好嗎？

霧

晨起，在窗外
伊濃粧淡抹，把黑斑
隱藏，將雀斑
粉飾，讓面皰
虛掩

當陽光來臨
伊如夢幻般地
消逝

美容師

如果妳的心中有愛
就在我的心中植愛吧
如果妳的纖纖玉手也能
挽回我的青春
就讓我的臉，被玩成
一張，最亮麗的
風景

秋裝專櫃

把浪漫如楓的秋
貼上標籤
誘我

一隻隻嬌豔的花蝴蝶
騷首弄姿，且
自鏡中飛去，迷失
在都市叢林裡

而我，摸摸薄薄的口袋
黯然離去

一株小草

一株小草
緊緊抓住
乾涸的大地
疲憊而卑微
無關愛情，無關
紅花綠葉
只盼午後的一場小雨
滌去一身的塵埃

新生

猶記得去秋荷塘
孤冷的姿態
那落日的悲情
而今，在宇宙的光華中
美的思緒澎湃著
幾片新綠譜出
希望的音符
啊！朝暾
這生命的曙光
最初的驚喜

夏天

太陽總是特別早起
夢未醒
雙眼就已睜開

午后的烈陽
拖著我疲憊的影子
如一尾魚
泅泳
在乾涸的河床

蠟燭

爬滿淚痕的夜裡
你是我唯一的
光

逐漸瘦小，逐漸
單薄的身影
心卻愈燃愈
烈

夜都說倦了
而你呢

挖土機

在傳統與現代之間
一隻怪手
伸進大地的體內
為一棟棟大廈
催生

而大地從不喊
痛

異鄉的老人

病床上
那具枯殘的身軀
裹著一顆冰冷的心
如一束即將凋謝的花朵
等待上帝的救贖

心已倦了
卻仍惦念著家鄉
那株庭前的桂樹
到底開花沒？

林中鳥

且把鳥籠還給都市
都市的廊簷
飛向藍天，青山
在深深竹林中
盡情地歌唱
忘情地飛翔

多情的陽光俯下身來
給我一個長長的
吻
吻著我的歌聲，更甜
吻著我的飛姿，更美

獨釣

獨坐鏡前
沈思
讀自己，如讀
一尾魚

放下魚餌，釣起
一尾
看來似魚非魚的
自己

剪影

神奇的一刀，剪出
悠然的神韻
美麗的倩影

挽髻的貴婦
青春的玉女
稚齡的童子
鶴髮的老翁
都難逃你的法眼

試問
痛快的一刀，能否
剪去我今生的茫然

無題

在秋空的黑板
孤雁
來回演算著
一道無解的
自己

一尾鯽魚
在菜市場的角落
不斷唸著
阿彌陀佛

骨甕

一隻甕
靜坐牆角
哭泣
無所謂白天黑夜
無所謂年老年少
你的伙伴們
井然有序地排坐著
寂寞乃必然
孤冷早已習慣
沉默流行的年代
有些記憶竟如此的失去

村夜

日落以后
且沿著熟悉的小徑
回到唐朝，邀李白
溫一壺月光，下酒

而李白不來
我的酒已冷
（想李白必醉臥長安酒肆去了）
歸去吧！
而我的童年
卻急急趕來

旗津・旗津

其實，可以來此隱居的
成爲一尾魚，或一隻鳥
海闊，天空
在詩的國度裡

於是，我來了
在天后宮，祈求平安
在古砲台，懷思古幽情
在老燈塔，望盡千帆
在紅樹林，讀漸疏的髮，漸疏的髮啊
這國寶級的老詩人
二話不說
就坐上一部三輪車

要五毛給一塊的
回到他的童年去啦

我繼續讀著湛藍
湛藍的天，湛藍的海
湛藍的歲月，我的夢
深深深幾許

其實，可以來此隱居的
這裡距醒來不遠
就只那盈盈一水
就只那盈盈一水

哈瑪星

一盤夜色
總要加些回憶的佐料
才夠味

於是，濱線自扶桑
領事館自不列顛
你自希臘的星空
都回盤裡

管他西子灣的日落
萬壽山的月升
管他風韻猶存的漁港
今夜，我這老饕
非好好享受一番不可

左營孔廟

古意的下午
我搭上歷史的列車
回到杏壇
展讀論語春秋
展讀你的容顏
如荷花的開落

暮色中
我走出大成殿
兩旁石獅卻向我怒吼起來
說讓顏回去吸毒，子路去飆車
豈可哉？

阿里山觀日出

你仍在夢中
我們便醒來
點亮一地的星星
向著童年出發

來到觀日樓
把夜讀成向日葵
徐徐
綻放

屏息凝望著，凝望著—
啊！我的朝陽
終於躍出山頭

用它明亮的眼神，微笑地
向我們道聲
早安
而群山便都興奮地歡呼起來

曾文水庫

流著青山血液的
含情脈脈的村女子
伸著她翡翠的胴體
讓群山緊緊環抱著

來自北歐的嘉義農場
一身白衣紅帽的裝扮
且以各種水果誘惑著
這純情的中國女孩

啊是那葉扁舟
輕輕盪著她的湖心

九份去來

那天，我走進深深小巷
回到童年，我的家鄉
石板路，古厝
我燒過的灶、推過的石磨
都在那裡迎我
啊！我的母親
讓我緊貼你的心房
傾聽兒歌
讓我吸吮愛的乳汁
獨坐窗口
任那海光山色喧染成

水墨風情
而我，就靜靜靜靜地
坐在畫裡
整個世紀
整個下午

夏威夷海灘速寫

湛藍的
陽光
裸

不同國籍的
魚兒　游著
我的愛
我的詩
我的夢

海灘上的鴿子
椰子樹
舒暢

湄南河印象

清晨醒來，見妳
香花已盡的棄婦
一路訴說著
物是人非的悲情

黑幕低垂，再次訪妳
揭開灰澀的面紗
讓兩岸的燈火
粧扮成爲風情萬種的貴婦

啊！神秘女郎
謎樣的南國姑娘

卷二

雨弦作品

西湖之晨

潑墨
七月的江南
慢，慢
暈染開來

遠山，近水
我在其中

西子醒來，東坡醒來
從古老的詩句裡
悠悠醒來

而半寐半醒的我
卻一腳跌入了
深深的
鄉愁

西湖畔龍井村品龍井茶

一路行來，這翡翠的村子
在湖畔
閃閃發亮

無香極香
古井煮出新茶
而新詩句仍沉澱杯底

浮上來的只是
寥寥的
三言
兩語

題微雕葫蘆桃花源記

一九九六年七月十七日，路過北京，得阮琦微雕葫蘆一只，上刻淵明桃花源記，甚喜。

放大鏡下才看得清的紋路
整個桃花源就濃縮成這小小的版圖
那是最迷你最浩瀚的時空了
就把它珍藏在我心的角落吧

而當世界的腳步像救火車一樣馳來
阮琦啊阮琦
葫蘆裡裝滿淵明的山水，以及
無盡的想望

天安門

來此憑弔一番罷

被姦污了的
廣場
仍在滴著血

我的頭顱
被坦克重重地輾過

小小長城

——題陶藝作品

兩千年來那巨龍
盤踞在中國的大地
而妳，居然將牠鎖在小小的櫥窗裡

依稀可見
北方，那好大好大的關口
一副大鋼牙
不怕細菌入侵，還可餐飲
胡虜肉匈奴血

獨不聞
孟姜女的哭聲

秦俑

借問
秦皇，妃子
阿房宮呢

兩千年后
我將出土，朗誦
我的詩篇

陝西女子

她的臉蛋是麵粉皮做的
她的唇是誘人的餃子
她的眼有溪流的水聲
她的髮是柳條兒編織的
她的笑有百合的芬芳
她的歌聲，是一隻黃鶯
唱道：肥水不落外人田喲

水洞之歌

一九九六年七月，遊遼寧本溪水洞，一飽鐘乳、石筍以及夢幻之美。

我們來了，做著
鐘乳、石筍，以及
浮雕，以及
神話的夢

在古中國的血脈裡
我的血球
是載不動的
鄉愁

這樣的水域適於說夢
說一夢五十年

終於醒來
而我們入洞，出洞
是否也是一種輪迴

這是人間？還是天上
是前世？還是來生
啊天空微明
洞口就在那裏

長崎蜻蜓

早上，我的右腳
剛剛抽離廣島
下午，我的左腳卻又跌入
長崎的深淵

戰爭坐此哭誰
半世紀了
鴿子依然紅著眼
咕咕唱著和平

一隻蜻蜓飛來
我神經質地舉起攝影機
將之
擊落

京都印象

街道，很長安

遲暮美人走來
歌舞伎走來
老和尚也從唐朝走來
敲響古刹的鐘聲
鴿子們依然入定
老和尚說：喫茶去
而我的銀碗盛雪
老和尚揮了揮毫
那蒼勁的筆法
力透紙背，可讀出
中國的歷史

而奶奶咳嗽聲不止
御苑寂寂

家鄉的女孩

一朵曇花
在異國的夜街
盛開著

她的姐妹淘
來自不同的國籍，不同的體香
不同的天空，不同的土地
灌溉的淚水是相同的

今夜，沒有星光，沒有月亮
只有霓虹的媚眼廉價地拋售
在這二十世紀末
一切是可以交易的，包括愛情

一朵曇花
在清晨裏
枯萎了

水火同源

—關仔嶺記遊之一

自水中躍出的
火鳥
圖騰於大地之上，我詩的火燄
自大地的體內
熊熊地
燃燒
成爲一種
圓融之
可能

碧雲寺的回憶

——關仔嶺記遊之二

唸小學的時候
奶奶總會領我上山
在妳那兒住個幾天
那是她最想做的一件事

於是，餐桌上的素食
廂房裡的清夢
大殿內的梵唄
都成爲我的最愛

如今，我站在雲端
看山下的世界

一片茫然，而古刹裡
香煙裊裊，蓮炬灼灼
朝聖者不絕於途
遂想起
奶奶往生的時候
手持蓮花，多像觀世音
緩緩走向
另一片
淨土

過太麻里

都市的遊子，貪婪地
吸吮著大地的乳房
哺育出的
母親一樣的釋迦，一樣的萱草
閱聽著水藍藍的腹
不住地歌唱，因而
忘了下山的路

摸乳巷

——鹿港巡禮之一

古老的小鎮，那巷子
細細長長的
讓我們迎面走過
古典的浪漫
妳從那端，我從這頭
是第幾類接觸
也會燃起愛的火花嗎
而在關鍵時刻
你總是小心翼翼
側身而過
而我，臉如嬰兒泛紅
心跳一百

爺爺和奶奶已不再
細訴這樣的故事
爸和媽也約會去了
在另一度空間
留我
在傳統與現代的夾縫
也學古人留腳印
遙想當年祖先的步履
如何深烙這裏
而我們走高速路
就像一支火箭
飆去，射向太空
或許，就在那裏
也造這樣的一條小巷
讓太空都市
一樣有古典的浪漫

那夜巷

寂靜的村落睡了
月光爬上了屋頂、林梢
爬進了小巷，一隻黑貓醒來
瞪了我一眼
敏捷地跑掉了

我蹀躞伊的門前
門扉深深，我的手
幾度伸出，幾度縮回
抉擇竟成了美麗的痛苦

或許，可以攜壺酒前來
邀月對飲，趁著月光

寫詩，說夢
說這冷冷的夜裡
有一個人
深深地
醉過

暗戀

我是一株柳
植你庭院的窗前
不敢奢求你的青睞
祇盼那不經意的回眸

庭院深深
我靜靜地細讀
你美麗的倩影，如一首詩
然後，忐忑地期待
你的歸來
我靜靜地細讀
你透光的窗兒緊掩
那深邃的意境
如何解讀

而在那樣的月夜
你走過我身旁
那輕輕地一觸喲
叫我輾轉難眠
是無心？有意
那深邃的意境
如何解讀
啊！吾愛
就讓我植成你的
一頭青絲
爲你
而白

夢與詩

——給J

那年深冬
你從泰戈爾的詩裡
走來，攜一罈詩釀的
酒，醉我，深深地
我的繆斯從此醒來
你卻去了新大陸，找尋
另一片詩的天空，而這兒
酒冷了，詩的溫度未減
而夢呢？說你的歸期不遠
從前生到今世，從今世到來生
酒冷了，詩可以再寫，我的筆尖
可以沾不眠的淚水，而夢呢

銀婚

—給妻

那年妳卄三，我卄四
我們走進禮堂
走進對方
卄五年的生活
走出
二個新生命來
今年，老大卄四、老么卄三
我變老了，妳也是
妳什麼都不說，我知道
妳願意繼續走下去
直到地老
天荒

五月十七日的晚上

宛如忍不住的
蛹，破繭而出
我的愛
就這樣的到來

於是，我們去流浪
追星、逐月、逐水草
任水聲淙淙
在夜空激盪
而櫓興奮地
測溪的深度
溪有多深，愛就有多深
於是，我在上帝面前

把舟子的一生
交給溪，交給伊
五月十七日的晚上

磨墨

竟然也是一種
快感

管他越抹越
黑
愛是越來越
濃

不必色彩
我喜歡單純的生活
且任那疼愛我的人
盡情揮灑

親愛的
就讓我長長的一生
一寸　一寸地
短去
無怨　也
無悔

荷塘月色

在寂靜的夜晚
月光戀著荷塘
一半含羞，一半含情
妳是哪一半？哪一朶

風微醺走來
掀一池風情
說當愛成熟
自然奔放

於是，我禁不住讀妳
在六角亭
裸露如一朶蓮

聖潔而清芬

在江南，柔柔的月光中
我的親親
讓我輕輕擁妳，喚妳
在我舌尖，在我心底

雨中蓮

五百年前
妳我的相遇
在一個美麗的夏日
夏日的黃昏
寂靜的小鎮上
雨，梵唱著
空靈而淒美
而我是
一顆晶瑩，舞動著
在妳的掌中
握著無限，永恒
妳是蓮，心有千瓣
蓮心甚苦，若我是蓮
必心心相印

若我是蛙，是蜻蜓
必伴每一朵蓮
守著風雨，守著妳

靜謐的下午
就這樣對坐著
對坐著美，妳的容顏
慈悲而聖潔
蓮藕在泥中修行
妳在人間，纖纖不染
風雨中妳來，渡我
五百年前，五百年後
若有來生，換我是妳
妳是我，當能體會
我對妳的愛有多美，多苦
如那容顏，如那蓮心

蘋果之傷

穿著紅衣裳的蘋果們
在水果店裡
展示美的存在
期待有人來愛

我挑了其中一個
她的姿色迷人
且散發誘人體香
我褪去她的衣裳
卻見遍體鱗傷

我左思右想
終於褪去自己的衣裳

看自己的胴體
不也遍體鱗傷

赤裸裸的我
握著赤裸裸的蘋果
仔細端詳，且輕輕剜去
她的憂傷

玫瑰的祝福

——給雅玫

走過繽紛的詩園，玫瑰
一朵一朵的綻放
我聞到了芬芳
聽到了花語

而園丁仍低著頭
在沃腴的夢土上，耕耘
一血一句，一淚一字
淚的雪白，血的殷紅

來，喝杯玫瑰酒
讓妳的香醇，滋潤
我漸漸荒蕪了的
心園

自畫像

如何描寫自己
眞是兩難
美了不眞實
不美有遺憾

我內心開始交纏
又怪上媽媽
爲何生我小眼睛
大嘴巴

一絲陽光透進窗來
我豁然開朗
遂攬鏡寫下
自己

波斯菊

——題攝影作品

裸
逃出框框
奔向原野

而我，卻
入了框

向日葵

太陽、愛、死亡
我們無法正視

你們在曠野
瞬著千萬隻眼睛
擁抱太陽、擁抱愛
擁抱死亡

在人生舞台上
你們慷慨激昂地陳述
二十世紀末的生死學

而我們
就頹廢多了

水花之歌

管它花開花落
剎那即永恒

於是，下凡的
雲，以絕俗之姿
舞成
一朵朵
天河的
水聲
舞成
一朵朵
下凡的
雲
以絕俗之姿

按摩女

語言無法溝通的
就以手交流吧

我的穴道
她是知道的

敏感話題
就省省了

流浪者之歌

活著
一個行囊夠了

而家呢
公園、車站、地下道
皆無不可

或許，在這紛紛擾擾的世界
遺忘
也是一種美麗的選擇

其實，天上有雲
地上有影子
活著
一個行囊夠了

接生DIY

那天清晨，她把浴室當產房
把馬桶當床
以她的纖纖小手，接生自己

一切來得突然
來不及赴醫、陣痛
來不及向她老公嬌嗔
好好啃他的骨咬他的肉
頑皮的小生命就急急來到這世界

從浴間傳來美麗的初啼
驚醒沉睡中的父親
啊我兒，你卻這般急急

與我見面

胎盤和臍帶一起脫落
孩子，你要學會獨立
這是一個自助的年代
就像母親，在馬桶上
自助，生下了你

當我老時

幾十年歲月才能成就的
白髮與皺紋
好美

我慢慢地熬，慢慢地熬
總有一天
我也會老
那時，我將以最美的詩篇
向我的子孫
朗讀

向晚

老人院的黃昏
麻雀在爭吵
晚霞
美，或者不美

我拿起畫筆
在畫册上
塗彩霞滿天

祭

兩根白燭
垂兩行熱淚

鮮花水果們
卻在供桌上爭吵了起來

再也忍不住的供桌
拔腿就跑

盜墓

佛說：我不入地獄，誰入地獄
況這世界太小
去向地獄移民或許
也是很不錯的
一種方式

然則，今晚就去探個路吧
好圓個淘金夢
讓今生痛痛快快
來世誰理它呢

而今夜，月黑風高
神不知鬼不覺

只是，沒想到
迎面而來的竟是
祖爺爺裂齒狂笑的
兩排
假牙

生活七帖

柴

燃燒自己吧
燒出生命的意義來
啊！這失傳的行業
古老的傳說

米

多元的社會裡
容許養百樣人
唯一堅持的是
吃蕃薯簽的童年

油

不下水的
就下鍋吧
舉行一個魚的喪禮

鹽

人生怎可乏味呢
但請注意
別太鹹了

醬

還有什麼情結可言

調和鼎乃的功夫
可是一流

醋

去腥也罷，軟骨也好
千萬別以妒火
烹調

茶

沸騰之后
必有輕煙薄霧
坐下來，慢慢細品

而我是愛你的

——爲高雄廣播電台成立十五週年而寫

嗨！親愛的
你在哪裡？你是誰呢

每一次聽到你熟悉的聲音
卻不見你的人影
十五年來我尋尋覓覓
你到底在哪裏
有人說你在港都
有人說你在空中
有人說你是無所不在的
而你是誰呢
有人說你是朋友

有人說你是情人
有人說你是生活的伴侶
而我是愛你的
愛你美麗的聲音
縈繞我耳畔，佔據我心房
知否
曾經多少個晨昏
讓你陪我度過、走過
多少個夜晚
讓你陪我哭過、笑過
而我的憂傷也是美麗的

嗨！親愛的
而我是愛你的
而我是愛你的

國家圖書館出版品預行編目資料

蘋果之傷 / 林雅玫．雨弦著．--初版．-臺北市：
文史哲，民87
面； 公分．-(文史哲叢書；31)
ISBN 957-549-152-1(平裝)

831.86 87007972

文史哲詩叢 ㉛

蘋 果 之 傷

著　者：林雅玫・雨弦
封面設計：張秀蘭
出版者：文史哲出版社
登記證字號：行政院新聞局版臺業字五三三七號
發行人：彭正雄
發行所：文史哲出版社
印刷者：文史哲出版社
臺北市羅斯福路一段七十二巷四號
郵政劃撥帳號：一六一八〇一七五
電話 886-2-23511028・傳眞 886-2-23965656

實價新臺幣二〇〇元

中華民國八十七年五月初版

ISBN 957-549-152-1